特定非営利活動法人　共同保存図書館・多摩
二〇一八年度通常総会記念講演（2018・5・20）より

図書館づくりの現況から「保存」を考える

塩見　昇

目次

はじめに

こんにちは。ご紹介いただきました塩見です。

こちらの活動については、多摩地域の図書館で仕事をしてこられた元図書館員の方を中心にNPOで共同資料保存に大変献身的に活動されていらっしゃることは承知し、「すごいことやなあ」と思いつつ、ささやかながら共感とご支援のつもりでわりあい早い時期から賛助会員になっております。

毎年、ブックレットも拝見しておりまして、総会の時に記念講演を続けていらっしゃることも承知しております。今回のことは、座間理事長から秋の全国図書館大会の時にお話があり、軽くお受けしたのですが、保存という問題について熱心にやっておられる皆さんに、私がしゃべることがあるかなあと考えると、日が近づくにつれてだんだん気が重くなっておりました。図書館のことに長く関わってまいりましたが、「保存の問題について深く考えることは乏しかったな」と改めて感じている次第です。

1　私と「保存」の関連を振り返る

ひとまず、私自身の自己紹介を兼ねて、これまで保存の問題でどんな関わりをしてきたか、どんなことを考えてきたかを振り返ってみたいと思います。ここにいらっしゃる皆さんが関心をもたれている「保存」と少しずれることがあるかとも思いますが、私自身が関わりを持ってきたこと、考えてきたことをご紹介方々、前置きとしてお話ししたいと思います。

（1）禁書と図書館

ご承知の方もいらっしゃるかと思いますが、二〇一七年の暮れに日本図書館協会から一冊の本（『図書館の自由委員会の成立と「図書館の自由に関する宣言」改訂』）を発行しました。「図書館の自由の委員会」がどのように成立したか、そして一九七九年の「図書館の自由に関する宣言」の改訂をどう進めたかについて、私自身がかなり深くコミットしたことであり、同時にその仕事をご一緒してきた方々がどんどんお亡くなりになっていることもありまして、経緯をきちんとまとめておかなくてはという思いからの出版です。

「図書館の自由」は私の図書館についての関心事の大きなテーマですが、その発端にあたる話です。レジュメの冒頭に、「私の図書館への関心」＝Banned Books（Haight）と書いています。

私は一九六〇年に大学を出て大阪市の図書館で司書として働き始め、図書館人として六〇年近くを過ごしてきました。そのスタート時点でひとつのきっかけになりましたのは、当時京都大学の指導教官である小倉親雄先生から一冊の小さな本『Banned Books』（注1）を見せてもらったことです。Banというのは「禁止する」ということですから『禁書』です。これはどんな本かというと、人類の歴史の中でいつかどこかで、誰かによって禁じられた本の、いわば編年体の記録なんです。その最初は紀元前三八七年にプラトンがホメロス（ホーマー）の作品について「未成熟な子どもに見せる時には一定の配慮が必要だ」と指摘したことを挙げ、中国の有名な焚書坑儒のことなども含めて、一九五〇年頃までに、いつかどこかで誰かによって禁じられた本が列挙されています。そして、それがどういうことだったかについて簡単な説明をしています。同一の本のことはひとまとめになっていますが、編年体で記述しているので年表といえば年表ですね。そういうものを見せてもらったのです。

（注1）（Banned books: informal notes on some books banned for various reasons at various times and in various places;1955)

当時、図書館について勉強し始め、講義でアメリカの「図書館の権利宣言」について聞いたりという時期に貸してもらったのがこの本です。今、我々が手にする『世界名作全集』とか『世界名著大系』に収録されているほとんどの名著というか歴史に残っている本は、いつかどこかで誰かによって禁じられ、迫害を受けたことがよくわかるわけです。もしそれらのものが禁書だからということで、その当時に徹底的に焼かれておれば、その本は今どこにも一切残っていないことになりますね。ところが、名著大系などに入っているということは、少なくともテキストのいくつかがどこかで生き延びて、誰かが保存し、後に編集したことで、今私たちはそれを作品として見ることができるわけですね。それが図書館の功績だけで残ったとは言わないけれども、少なくとも、そういうものを後世に残して人が読めるようにしたという意味においては、「図書館というのはすごいもんやな」と思いました。私が図書館に関係することになるごく初期に感じたことです。

一九八九年に『知的自由と図書館』という本を青木書店から出しました。その第一章で、「焼かれる本こそ、よい本だ」と言ってもあながち過言ではないであろう、と書いたのはその思いを表しています。極端な言い方になりますが、禁書の対象にならない本は、言ってみればあまりたいして影響力のあるものではなかったともいえます。権力の中心にいて、その時代にいい思いをしている人、大きな影響力のある人が「けしからん！こんなものは不快だ！」ということで禁書になっていくわけですから。世の中を変える——少なくともその当時の社会の中の一般的な通念、一般的な価値観に抵触する——ようなことを書いているから、ある立場の人から言うと「余計なことを言う奴がいるものだ」「こういう本があると困る」ということになる。これが高じて焚書坑儒になる。だから禁じられるくらいの本こそがいい本で、焼かれる本こそがよい本ではないかということを感じた。そういう権力者から嫌がられるような本も含め、様々な本をすべての人に手渡そうというのが図書館ですね。読みたい人の手元へ届けようというのが図書館です。そういう図書館の働きは非常に大きなものではないか。「ないよりあったほうがいい」といったレベルの問題ではないだろう。それこそ、図書館の存在そのものが、人類の英知や歴史の存続につながっていく事業ではないかと学生時代に素朴に感じたということです。それが私が図書館という世界に足を踏み入れた大きなきっかけだったかな、と思います。

多摩デポのお考えになっている「保存」の問題とはちょっと違うかもしれませんが、やっぱり「資料を残す」ということは、図書館の在りようを考える中ではとても大事な視点だろうなと思います。

（2）相互貸借の実態から

二つ目はもう少しこちらの仕事に近いかもしれませんが、私が一九七一年に大阪教育大学の図書館学の教員になり、研究者という立場で大阪府教育委員会（以下、大阪府教委と略）の社会教育委員会議や図書館振興の会議などに参加を頼まれることが出てきました。大阪府教委が一九七〇年代初めに大阪の図書館振興を取り上げ、一九八〇年代初めに大阪府下の図書館のネットワークを構築するということを考えました。東京では、美濃部知事の下で一九七〇年の「図書館政策の課題と対策」に基づいた図書館振興策が策定されました。大阪府の図書館振興策は二～三年遅れなんですが、社会教育会議の建議として出しています。続いて、大阪府下の図書館のネットワークを構築するための調査研究を二～三年くらいかけてやるので手伝ってくれということで委員会に参加しました。

当時、私が関心を持っていたのは図書館協力ということです。一九八〇年代になると、図書館の相互協力がだいぶ進んできていました。そこで、大阪府下の実態を具体的に確かめてみたいと考えていました。全部の公共図書館に私が個人で「この一か月間にどんな本をどこから借りて、どのくらい貸したかを記録して答えてほしい」と頼んでも無理だったでしょうが、そんな場合には大阪府教委という名前は抜群の力を発揮しますね。そこで「大阪府教委の依頼という形でそういうことを調べてみたい」と会議の中で提案しましたら、「それは面白い、ネットワークの構築ということでも必要なことだし、やりましょう」ということになり、三か月間、大阪府下の全公立図書館に「自館にない本を利用者から求められて提供しようという時に、どこから何という本を借りたか、また、借りられなかったかということを、一点一点全部記録してもらう」ことにしました。コンピュータ導入の遥か前で、全て手作業という時代ですから、大変な仕事だったと思いますが、どの館も非常に丁寧に調べて回答してくれました。それを回収して私が集計・整理しました。集めてみたら、ほんとにいろいろな本が出てきて、どう処理したらいいか困りましたが、その概要を報告書にまとめ、詳細は日本図書館研究会の『図書館界』という雑誌の第三七巻三号に、どこの館が何冊借りた貸したという事実を報告しました（注2）。何をということはなかなか整理が難しく、タイトル全部は挙げきれませんでしたが、七割くらいは記載しました。やってみると非常に面白い実態が分かりました。三か月間に九八四冊の本が図書館を介して、大阪府内を移動し、大阪府民に届いていました。内訳は、府立からの借用三四・一%、大阪市立中央からの借用二二・六%、市町村間での借用三二・四%というものでした。

（注2）「他館から借りて提供した資料の実態―大阪府下公共図書館の場合」図書館界37（3）　一九八五年九月　一四〇―一四七頁

大阪府立図書館というのは、皆さんもご存知のように、日本の中でも規模が大きくて歴史もあるし、内容的にも充実した図書館です。当時は中之島図書館ですね。大阪市立中央図書館のほうは歴史は浅いのですが、当時は日本の最も大きい公共図書館で、しかも主題別に五万冊という大開架をしたという（一九六一年段階で！）当時の日本では先進的な図書館といってよいと思います。そういう大きな二つの図書館が大阪にはあり、府下のその他の市町村図書館から頼られ、その二館を市町村の図書館は上手に使い分けをしながら資料提供をしている、という事実を確かめることができました。府立は戦前からあって、しかも、しっかりした蔵書構成を持っている。一方、市立中央図書館は予算はかなり多く、市民が求めるポピュラーな本については府立より幅広く持っています。しかも一点一点見ていくと、大阪府立も大阪市立中央も持っていないような本が実は市町村の図書館にあり、それが相互の間で結構動いているのですね。

大阪市立中央図書館というのは、制度的には他の市町村の図書館を支援する使命や役割があるわけではないのですが、図書館という世界の中で、他の公共図書館から頼られ、大阪府立とはちょっと違った役割をしなくてはいけない立場になっていました。そのことが大阪市立図書館としては大事だったのではないかと思うのです。私は、後に大阪府立中央図書館、大阪市立の新中央図書館という二つの図書館の構想策定に関わることになるのですが、その時に、やっぱりこの調査を踏まえた各図書館の在りよう—特に新大阪市立中央図書館というのは、大阪商業圏域の中心都市の図書館としての期待に応えるあり方—を多分に意識した計画を作る必要があるのではないかということを構想に書き込みました。

（3）公立図書館と公文書館、公文書管理

三つ目には、この二〇年ほど前からほぼ一〇年間、大阪市の公文書管理委員会委員という仕事を大阪市から依頼されてやりました。当初、公文書館には運営委員会というのがあったのですが、情報公開法とか公文書の扱いについての法整備が進む中で、運営委員会を大阪市の公文書管理委員会というのに拡張改組しました。市長の諮問に応じて検討を行う組織です。大阪市が持っている公文書をどう扱っていくか、文書として生きているものではなくなったが、歴史史料としてどう扱っていくか、廃棄するか保存をしていくかというようなことを決定するのが市長（橋下市長の時代です）の専権になっていて、市長から諮問があるわけです。

そういう仕事をやる中で、実際に公文書管理という仕事なり、そしてアーキビストの編集した大阪市の公文書等（「等」の中には、生の文書それ自体がほとんどかと思ったら、意外に刊行物も公文書に含まれるんですね）を知る機会を得ました。大阪市立図書館では図書館の資料として、大阪市の刊行物を網羅的に収集するということを中央図書館発足当初からかなり積極的にやっており、私も在職中はそれに関わる部署で仕事をやっていました。

ところで、大阪市の公文書館というのは大阪市立中央図書館と同じ敷地にあるのです。併設ではないですが、隣りどうしに公文書館と図書館があるという位置関係です。公文書館ができたのは図書館ができた後ですが、隣接という条件がある割には公文書館（公文書を扱うセクション）と図書館とがあまり密な関連を持っていない、つまり、お互いの仕事をよく知っていないなと痛感しました。私は大阪市公文書管理委員会委員長という立場で四～五年間仕事をしたものですから、図書館の持っている大阪市刊行物と公文書館および大阪市が管理し公開するとか廃棄するとかしている公文書をもっと関係づけるようにしたほうがいいんじゃないかと提起しました。

歴史史料として残すか廃棄するか判断する時には、実は、公文書館の方が市立図書館にあるかどうかということを丁寧に調べていました。検索の手段が整備できているかどうかの問題もありますね。公文書館の目録にない資料でも図書館に行ったらある、というような現状があります。逆に、図書館の方が行政資料を扱う時に公文書館との接点をあまり意識していない。公文書館の方は、図書館にあれば安心して捨てる、つまり、基本的には図書館にあったら除籍するというのが実態となっていることも分かりました。公文書館の方が保存スペースも少ないですしね。そこをもう少し組織的な関係づけをすることを考えたらどうかと会議の中で話した（それが私の役割だと思った）ということがあります。行政刊行物に関することではありますが、保存の分担問題といえばそうだろうと思います。

（4）桑原武夫コレクション事件

前回の総会の記念講演で、永江朗さんが桑原武夫コレクションの廃棄という問題を詳細に取り上げ、図書館・図書館員に対して非常に厳しい指摘をされております。辛いなあと思いながら記録を拝読しました。この事件の発端は、私が親しくしている平川千宏さん（元国立国会図書館員で、長年、桑原武夫さん、中井正一さん、日高六郎さん等の書誌づくりをやっておられます）が、桑原武夫コレクションの現物をいくつか確かめたいと寄贈先の京都市図書館に問い合わせたことでした。平川さんが図書館に照会したところ、「いろいろ経過があって、廃棄した」という回答を受けて、平川さん自身がびっくりしたと言います。その辺りのことは「図書館雑誌」二〇一七年九月号の投稿欄「北から南から」（六二四―六二五頁）に書かれています。京都市の図書館は委託問題等で物議を醸してきただけに、京都市民の一人としては、そういう形で京都市図書館の名前が出るのは非常に悲しいと思っています。そのことについて、昨年この総会で永江さんが取り上げられて、「そもそも図書館に渡したことがまずかったのではないか。古い本を活かすなら、図書館ではなく、古書店に任すべきだ」と言われたようです。私も、この場合図書館に頼んだのは間違いだったろうな、とは思います。一般的に言って、公共図書館では個人のコレクションをひとかたまりのものとして受け入れ、特殊コレクションとして運用するのは優先度からみて無理があると思います。公共図書館がもらったのは間違いだったというのは、公共図書館が書き込みの一つ一つを必要とするような特殊な利用のためのコレクションを運用するというのは相当無理があると思うからです。

北海道の函館市図書館にはそういうコレクションの例（石川啄木文庫に関するコレクションなど）がありますが、そこへわざわざ行きたいというような利用者へのサービスをするためには、相当な覚悟でやるならやっていいと思います。しかし、桑原さんは名誉京都市民でありますが、残念ながら桑原さんのコレクションのために体制を組むというような条件は京都市図書館にはない。そういう場合は、軽々にもらわないほうがむしろよいと思います。公共図書館で行う選書（「除く選書」を含めて）は、そういう特殊なコレクションを受け入れて、それを捨てたということで見識を問われるというのは違和感があるように思います。

2　集める選択、除く（残す）選択

図書館員にとって、本の選び方＝選書＝Book Selectionというのは、司書の専門性が問われる最も重要な仕事だと言われてきたし、私もそうだと思います。ただ、残すということで言えば、永江さんが講演の中で「司書は一冊一冊の本についてはわかっているかもしれないが、それがまとまった時のコレクションの持つ意味についてはわかっているんだろうか」とおっしゃるのは、「ちょっと違うんだなあ」と思います。図書館員は、蔵書（コレクション）の中の一冊一冊がいい本かどうかを個々に判定できるわけではありません。百科全般にわたってそういうことができるはずはない。そうではなく、蔵書全体を構成する一冊一冊の持つ意味を判断するし、できないといけない役割があると思います。その意味で、固定した特定のコレクションの意義（研究者や特定主題の専門家のニーズへの対応）は公共図書館の資料評価とは異なると思います。

図書館の経常的な資料評価・選択は、蔵書総体の中に新たなこの一冊が加わることによって、蔵書がどういうつながりを広げ、深まりができるのか、総体としてどう豊かになるのか、魅力が加わるか、について判断することだと私は考えています。蔵書構成

＝Collection Buildingという言葉はそのことをよく表していると思います。

選択についての古典的な論文として有名なものに、Lester Asheimの『Not Censorship, But Selection』というペーパーがあります。アメリカでマッカーシズムの旋風が吹き荒れていた時代、一九五三年の論文です。その中で検閲と選書はどう違うのか述べています。検閲官というのは、その本の中にある瑕疵・傷を見つけ、「こういう問題がある。だから、この本は蔵書にしない」という判断をする。それに対してライブラリアンの行う選書は、「本には大抵どこかしら瑕疵があるものだ。それを探すのではなく、この本にはどういう特徴があるのか、それはこれまでのものにないどんな特徴で、それを一つ加えるとコレクション全体がこれだけ豊かになる、どれだけ拡がる」かを考える。加えるべき根拠―傷があったとしても、それ以上に選ぶ積極的な理由―はどこにあるかを見出すのがライブラリアンの選書だというものです。

これは学生時代から読んでおりましたし、その後、図書館と知的自由について考える時に大事な下敷きにしてきたペーパーです。図書館学の勉強の古典的資料と言ってよいと思います。「図書館員の選書というのは、その一冊が全体としてどういう位置を占めるのかに着目すること」だというのです。永江さんがおっしゃることとは、ちょっと違う視点からの指摘ではないかと思います。このことについては、これで止めておきます。

図書館の選書には、新しく蔵書に加える時の選書ともう一つ除くほうの選書があります。みなさんが課題にしている「これは残すのか残さないのか」という選択です。集める選択と除く(残す)選択という時、それを貫く論理は一緒ではないかと私は思います。ですから、この一冊を除く—蔵書の収容能力から考えて、本として耐えられなくなったものを廃棄する—というのは一つの基準ですが、それ以外に、本としては読めなくはないけれども、コレクション全体としての相対的な位置づけの中では、他のもので代替できるということで、その除籍の影響を最小限に留められるというようなことが、その原理になってくると思われます。

私は、図書館が集めてはいけない本など基本的には一つもないと考えています。ただ国立国会図書館の納本制度のように網羅的収集が保障されているところと違い、普通の図書館では全てのものを買えるわけではない。そうすると、その図書館の持っている収集能力・予算的な裏付け、それから何よりユーザーのニーズというものに照らしてコレクションにこれを加えることが相対的にどれくらい優先度が高いか、その優先度で選んでいくのが図書館の選書だと思うんですね。それをひっくり返した形で、除いた時にその影響を最小限に抑えるというのが、図書館員の行う「捨てる選択」として共通に考えられねばならないと思います。その際、取り返しがつかないという意味で、「捨てる＝残す選択」の方がはるかに難しいし、怖い選択であることは皆さんご承知のとおりです。

3　図書館づくりにおける保存

それでは、図書館づくりと保存の問題という本日のテーマに話を進めたいと思います。

これまで図書館のあり方を論議する時に、保存中心の図書館とそれとの対比で利用中心の図書館ということを言ってきた歴史があるかと思います。保存と利用というのは基本的には背中合わせの問題です。どちらかというと保存優先に考えていくとなると、なるべく利用を制限してあまり簡単には人の手に委ねないというやり方に重きを置く。それに対して利用優先となれば、どんどん貸し出しもして利用する。どっちがいいか、ということを対比して議論することが少なくなかった気がします。

図書館づくりの中で、一九六〇年代から七〇年代にかけては、日野をはじめとする東京の多摩地域の公立図書館が日本の公共図書館が発展していく機運を生みだしたということは、皆さん周知のことです。

そういう公共図書館のありようを生み出したベースに「中小レポート」と呼ばれる『中小都市における公共図書館の運営』（日本図書館協会　一九六三）という本があります。日本図書館協会が図書館振興を図る画期的な一冊です。この本の中では、保存についてどう書いていたかを確かめてみました。当該の三～四行をそのまま読んでみますと、「近代公共図書館は、まず資料を積極的に提供するところであって、保存はあくまでも提供のためのものなのである。とくに、まだ地域住民の生活の中に根をおろしていない日本の公共図書館の現状では「保存」は一部好事家のためのサービスにしかならない」（五二頁）と非常に手厳しいことを書いています。保存を大事にするという発想は、一部のマニアみたいな人に役立つだけであって、今我々が目指している図書館の方向とは相容れない、という論調です。この本の政策的意味合いからいえば、そういう論調になるのはもっともだと思います。しかし、この文章が思い違いというか錯覚をもたらしたことは否めないだろうという気はします。こういう議論が公共図書館運営の中心にあったということは、歴史的事実として押さえておいた方がいいと思います。

一九六〇年代から七〇年代の公共図書館の発展期において、「利用者のニーズに応える、求めに応ずる」ということを進める中では、保存を相対的にネガティブに捉え、努めて関心の外においてきたと言えるでしょう。保存が実は利用の拡大につながるんだ、という論理が、理論の上だけでなく実感として受け入れられるのは、もう少し経ってからになります。保存の問題が、利用か保存か―提供か保管か―という二つの対比のような議論を越えていくためには、一つ新しい段階が必要であったと思うわけですが、その前に「図書館づくり」ということが今日のタイトルの中に入っていますので、そのことについて少しお話しします。

一九六三年の『中小都市における公共図書館の運営』、一九七〇年の『市民の図書館』がその後の公共図書館の在り方の方向を示したものとして、大方の共感を得てきました。特に『市民の図書館』のもたらした大きな影響ということでは、市民の人たち＝ユーザーが図書館像を共有するのに役立ったといえます。そういう図書館をつくっていこうと頑張った人たちが大勢いるわけです。『市民の図書館』を具体化しようと努める図書館員の姿を知り、そこから刺激も受け、文庫の人たちを中心とした市民が図書館像を共有し、「こんな図書館がほしい」ということで『市民の図書館』を私費で一〇冊二〇冊と購入して、市長や教育長やあるいは議員さんのところへ持って行って、「私たちはこんな図書館がほしいのです」と訴えて回った人がいるわけです。今、私は大阪のある一人の女性をイメージしながら話しているのですが、そういう人たちが、一人二人でなく大勢いたのです。そういう人たちと図書館関係者が、今目指している図書館像を共有し、「それは施設・建物をつくることだけやない。中身をどうするかが大事だ」ということで、市民と図書館員が一緒にその内容を追求するという、それまでにはなかった図書館のつくり方に対して、一九七〇年代の半ばくらいに登場したのが「図書館づくり」という概念です。「図書館づくり」の「づくり」というのは、ここでは絶対にひらがなでないとまずい、と私はこだわっています。

一九七六年に図書館問題研究会が草土文化から『図書館づくり運動入門』という本を出しました。「図書館づくり」という言葉がタイトルに入った本は、多分これが最初だと思います。この本では、各地の住民が図書館づくり運動に取り組んだ事例を集めて、整理しています。この本の最後に、四〇頁くらい「図書館づくり運動と地方自治」という、ちょっと凄いタイトルの文章を私が書きました。そこで、図書館をつくるということは、施設をつくる人・そこで働く人・そこを利用する人が共通して持つことのできるイメージをベースにして、はたらきとしての中身を追求するのに「図書館づくり」という言葉を考えました。

その中でどう保存の問題が入ってくるのかについて、話を移したいと思います。

多摩デポでは、共同保存ということを事業計画の中に入れておいでです。保存することについては、一つの図書館ではスペースの制約があり、どこの図書館でも必ず直面する深刻な課題です。そういう保存の問題を、多摩で共通意思の基での事業として進める、ということをみなさんがお考えだということです。

私が図書館のことを勉強し出した頃にも、もう保存とか共同保存という言葉はありましたし、図書館の文献の中には、相当昔から「図書館雑誌」などで見ることができます。言葉として珍しくなく、図書館のことに関わる人なら知っていて当然という形で存在していました。図書館の世界には「言葉としては存在するが、実は実態がない」というテーマがいくつかあるんですね。その典型は「相互協力」という言葉(Library Cooperation)で、図書館は協力しあう組織だということが、海外事情の紹介記事も含めて、既に大正時代の「図書館雑誌」にも随分出てくるのですね。しかし、図書館が共通意思を持って仕事として何かをするということがあったかというと、これがまた恐ろしく乏しい世界であったといえましょう。共同保存もそういう図書館協力の一部です。

理念としては存在しながら実態がない。なぜ実態がないのか、答えははっきりしています。やらなければならないという差し迫った現実がないからです。デポジットライブラリーといえば、「ああ、この人はなかなかよく勉強しているな」と感心はされるかもしれない。だがそういうものがないと、直ちに困るというわけではない。図書館というのは長い間、図書館の判断で資料を集めて、それを見たいという人が来れば見せる、積極的に見せるかどうかはともかくとして、とにかく提供する。あれば利用者は喜んで、感謝してそれを見ます。なければ、「あ、そうですか。ここでは無理なんやな。しょうがない」ということで、ほかの図書館を探してみようかと帰っていく。「なぜ私の見たい本がここで利用できないのか」と迫るような利用者は長年に渡って、まずいなかったわけですね。利用者との関係は遺憾ながら長い間そんなものだった。格別それが悪い図書館だというわけではなく、図書館サービスはそういうあてがいぶちのものとして推移してきたと思います。そうした図書館のあり方に大きな転機をもたらしたのは「リクエスト・予約」の制度化です。「予約」というと範囲が狭いという批判もありつつ、「予約に応える」の中には、「所蔵していない場合は他の図書館から借りたり、新しく買って提供することも含む」ということでやってきた。大阪府下の図書館調査にもあったように、他の図書館にあれば、それを借りてきて提供する。「借り入れ、購入、貸出中の場合は返却待ち」と、方法の如何を問わず、いずれかの方法で利用者の求めているものは必ず提供するんだということを図書館が約束するというのが予約サービスの制度化です。

「いつでも、どこでも、だれでも」という言葉は広く知られていると思いますが、関西で生まれた言葉に、「草の根を分けても」というのがあります。これは一九七一年に、大阪市が初めて新しい構想の下に一区に一館をつくり始めた第一号の大阪市立西淀川図書館で使い始めた表現です。この図書館は公設市場の二階にあるのですが、一階のショーウインドウに、N君という職員が他のスタッフと相談して掲示したのがこの言葉です。公設市場の上にある図書館なので、市場の人と相談して、毎日、新聞に挟み込んでいるチラシの隅っこに「公設市場の二階に図書館。お買い物のついでにどうぞ。読みたい本がない時には予約してください」と入れさせてもらった。当時、大阪市には中央図書館以外に、やっと第一号の分館ができたばかりで、その後、三～四年くらいで急ピッチに全区に地域館を整備する状況にあり、その全体がひとつの図書館だということを実践していった。全組織を通じて求められた本を探して提供します。「草の根を分けても」と大見栄をきった以上、「ありませんでした」とは言えない、言っちゃいけない。そうすると自ずと、大阪市内の図書館を探すだけでは完結せず、府立図書館にも国会図書館にも手を伸ばし、地域性のあるものなら、ありそうなところを徹底して探すということをやった。しかも、それを図書館員個々の善意や好意でやるのではなく、図書館の責務としてやる。そういう実践が七〇年代には相当動き出していた。その流れの中で、やっと相互協力あるいは相互貸借ということが、図書館学の用語・図書館員の専門的知識としてあるだけでなく、やらねばならないという仕事上の課題＝実践課題となってきたといえます。その転機になったのは予約サービスだったと思います。

その後、図書館活動は急速に進んでいくし、ようやく保存という問題が「なんでも提供する」ための裏付けとして不可欠だということがリアリティを持つようになってきた。県域の横断検索がどこの県でも可能になって、提供のための保存状況が容易に把握できるようになったというのが現在ですね。

ここで「図書館づくり」も新たな段階になってきたと言えます。どこに住む人でも、「いつでも、どこでも、なんでも」を果たせる環境整備を改めて現代の図書館づくりとして考える時、新たに厄介な問題が出てきました。国策による平成の大合併によって、三、二〇〇余の自治体が一、八〇〇ほどに再編されたということです。合併によって、人口数万人の自治体に図書館がいくつもあるという事例が一挙にできました。これまで長年に渡って

「一市一館のカベ」をどう越えるかに腐心してきたのですが、突然、数字の上では市内に図書館が四つも五つもあるということになると、「図書館はもういい。次は博物館だ。動物園だ」ということになってきた。どれも社会教育施設ですからね。そういうことが、首長さんの関心事になる。市内に二つ目の図書館をつくるところで非常に苦労してきたのがそれまでの図書館づくり運動です。逆に、二つ目ができれば、それ以降は「いらない」ということが言えなくなってきますね。「北と東にあるのに、なんで南にないのか」と言われれば、反論のしようがありませんから。

今、私は滋賀県の長浜市で図書館協議会に関わっているのですが、ここは、旧長浜市を軸にして八つの自治体が一つの市になったので、小さな公民館図書室を含めて、図書館が九つになったんです。九つある図書館をどう再編するかが課題になっています。人口は一〇万くらいです。「なんで図書館がこんなにぎょうさんいるんか?」と市の上層部から出てくる。新中央図書館をつくることを課題にしているのですが、深刻な問題は、お金をかけて中央図書館をつくる一方で、七つ八つある地区館の維持・整備をどうするかが連動するわけです。これは長浜に限ったことではありません。大型合併したところはどこも施設の再編を迫られています。施設の維持、補修には、ものすごくお金がかかるわけです。だからといって、一自治体に一館ずつあったのが、たまたま合併してひとつの自治体になった途端に「図書館が多すぎる」というのは、いったいどういうことなのか。そこに住んで図書館を使ってきた人から見れば、大きな自治体の傘下に入ったことだけを理由に「図書館が多すぎるから削って」と言われるのは納得できない。それは当然ですよね。広域に居住地が分散している地域で、せっかくできた旧町村の図書館が「多すぎる」と削られたのではたまったものではありません。もう一度、「全域全住民サービス」と言ってきたことの意味を、新たな状況下で考え直さねばなりません。「組織としての図書館」をどう整備するかということを再構築する時期に来ているのではないかと思います。

設置自治体の中だけにとどまらず、図書館は館種の違いをも越えて資料の提供ということに力を投入する組織なんだと、そういう組織としての図書館を人々にアピールし、また、実態としてその中身をどうつくりあげるかというのが、今の状況下での図書館づくりではないかと思います。そう考えた時に、やっと保存という問題は全体的な基調の中に入ってくるのではないでしょうか。検索の手段と資料を搬送する方法が整備され、そこへ物理的な保存の体制が整うと、必要な資料は探せば必ずどこかにある、という組織としての図書館ネットワークが実感できるようになります。私はこれまで学校図書館の持つ可能性を語る際、小さな個々の学校図書館は、広大な図書館組織の最前線の入口だ、というようにに語ってきました。そういう展開をどう具体化していくかということに現代の図書館づくりの課題を見ていきたいと思います。

先にこちらの講座でお話しされた大場博幸さんたちの調査によれば、二〇〇六年上半期に出版された商業出版物三万五、一五九点から無作為に抽出した五、〇四六点を対象に所蔵を調べたところ、国立国会図書館が持っているのは八七％。それに対して、公共図書館は総体でそれに匹敵する八二％を持っている。しかも、国会と公共のいずれかだけにという本も結構あったそうです(注3)。だから、地域の公共図書館が一つの組織としての実践的活動を強めていけば、国立国会図書館に匹敵するようなサービス、特に地域性の強いニーズについてはそれ以上のこともできないわけではないんだということになります。こういう地域、設置自治体、さらには館種を越えて、図書館は一つの組織であるということを背景にすることによって、「草の根を分けても」というのが空念仏ではなしに、図書館の本質として強調できる段階に来ています。これは図書館運動のやってきたことであり、一方ではそう言わざるを得ないシビアな状況にあるのではなかろうかと思います。

（注3）「図書館はどのような本を所蔵しているか：二〇〇六年上半期総刊行書籍を対象とした包括的所蔵調査」　大場博幸、安形輝、池内淳 他　日本図書館情報学会誌　五八（三）　二〇一二年九月　一三九～一五四頁
「図書館の実態を数字で把握する─図書館はどのような本を所蔵しているか─」ず・ぼん　十九号 二〇一四年四月　三二～五一頁

4　県立と市町村図書館の協力と保存

民主党政権時代に「公共サービス基本法」という法律ができてかなり注目しました。この法律では、公共サービスの理念というか公共サービスを約束する国や自治体の責務が法制化されましたが、残念ながらそれを裏付けるものが全くない理念法にとどまったと思っています。一方で、このところ教育・文化・福祉の中から公共サービスが抜ける、というより劣化していく勢いがすさまじいです。図書館もそのひとつだということは、皆さんご承知のとおりです。そんな中で、図書館の世界が構築してきた一つの事例として、県域ネッ

トワークの成果、到達点と課題を見ていきたいと思います。

保存にも目を向けた県域ネットワークに実績のある事例として滋賀県があることは、以前の多摩デポ総会記念講演で元滋賀県立図書館長の梅澤幸平さんが紹介されています（多摩デポブックレットNo.5参照）。今回、このお話をするために、その後の進展や現況について、幾人かの関係者から少し話を伺ってきました。

滋賀県では新県立図書館ができる一九八〇年頃までは、全国最低といってよいほど図書館の貧しい時期が長く続いていたわけです。それが、一〇年ぐらいで日本一と言われるくらいの図書館組織を持つようなドラマチックな展開を遂げました。今その詳細を話す余裕はありませんが、未設置の市町が図書館をつくろうとする時には、県として施設整備費、資料費を補助する振興策を実施し、県と前川恒雄さんが館長を務めた県立図書館が丁寧に助言し、かなり踏み込んだ指導もしたということがあります。ヘッドハンティングで専門職の館長を準備段階から据えることが特徴的でした。そして市町立の活動を県立が徹底して支えるという関係を強化し、その中から市立図書館も我が館のことを考えるだけでなく滋賀全体の図書館振興ということを常に考えながら自館の経営をやろうとする流れをつくりあげました。一九八〇年に県立ができ、一九九一年には早々に地下書庫を増築し、そこから一九九二年に「資料保存センター」という構想が県と市町との合作として始動していることが重要でしょう。

ただその滋賀でも時間が経つと人も変わって、当初の思いや情熱をそのまま持続させるのはなかなか難しいようです。初めは、「一部は県に移して残そう」というイメージを共通で持っていても、どんどん送ってこられると県立としても人手がなくて整理ができないということで、一年かけてなんとか六〇冊ぐらいを新しい蔵書として受け入れるのが精一杯。各市町立図書館から送られてきた本がそのまま書庫で手つかずになっているというのが、残念ながら実態のようです。ただし、雑誌は本よりはよく機能しており、少なくとも「県内でウチにしか残っていない」ということになった時、それを県立に移管するという仕組みの中で、一六四タイトルくらいが最終ランナーになっているそうです。ですが、ある市の館長さんに聞くと、各図書館が本を廃棄する場合に、どこもが常に周りの図書館や県立図書館を意識しながらやっているかというと、「怪しいですね」と言います。人が変われば なかなか継承されにくいというのが現実です。「最後の一冊となると、県立に送って死蔵されるよりは自分の所に残す」とも言っていました。その気持ちはわかりますね。

滋賀県の場合面白いのは、県立で毎年三日くらいかけて行っている県内の職員研修において、最後に四〇分程度の時間をとって、各館から送られてきた保存用の雑誌を整理して配架することを実習としてやっているのです。これが「滋賀県の図書館の共通意思でやっている」という実感を育んでいるようです。自分たちで構築しているネットワークの作業の一端に加わることで「滋賀県の図書館」を実感しているようで、こうした日常が仕組みを機能させるためには大事なことかと思います。

県立図書館が県下の市町村立図書館を支援するという関係は、一九六三年に「中小レポート」が「大図書館は、中小図書館の後盾として必要」だと提起し、それが住民サービスを大事にする七〜八〇年代の市町村立図書館活動の進展の中で具体的な中身として実体化し、一九八九年に日本図書館協会が策定した「公立図書館の任務と目標」において、県立図書館の役割は「市町村立図書館と同様に住民に直接サービスするとともに、市町村立図書館の求めに応じてそのサービスを支援する」と明記し、「大多数の住民にとって、身近にあって利用しやすいのは市町村立図書館である。したがって県立図書館は市町村立図書館への援助を第一義的な機能と受け止めるべきである」と言い切るところまできました。その趣旨は二〇一二年に文部科学省告示として公表された「図書館の設置及び運営上の望ましい基準」においても、「都道府県立図書館は…略…当該都道府県内の図書館の求めに応じて、それらの図書館への支援に努めるものとする」と規定し、その内容の一項目に「図書館資料の保存に関すること」も書き込まれています。

しかし実際問題として、県立がどのような内容でどこまで市町村の図書館を支援するかということでは、簡単に「それは県立の役割ですよ、責務です」といって済むわけではありません。例えば、県立から市町村の図書館をはじめその他の図書館への「図書館等に対する貸出冊数」の二〇一七年度実績を見ると、一〇万冊を超える千葉県、七万冊の大阪府、六万四、〇〇〇冊の東京都がある一方で、一、〇〇〇冊前後に止まる県も少なくありません。これは単に県立の意欲、積極性の差ということで説明できることではありません。むしろ県立から借り出してまでも住民の求めに応えようと努める市町村立図書館の姿勢の如何による違いをそこに見るべきではないかと思います。県立図書館の市町村立図書館への支援は、県内に市町村の図書館活動がどこまで広がり、浸透しているかの度合いによっても大きく左右されるとみるべきでしょう。県立の市町村支援のありようを決めるのは、市町村の図書館活動がどの程度にまで充実しているかに拠ると言っても過言でないと思います。

その点で、永年の多摩の実績を基にしての都への期待は充分に根拠のあることと言ってよいでしょう。現に、多摩のみなさんのバーチャルな共同保存システムづくりが都立図書館の蔵書廃棄への緊急対抗措置という側面を持って始められたというのはもっともだし、それをさらに進展させる上で都立の運営方針の転換を求めたい、とお考えになるのは当然だと思います。しかし、都民のニーズということでは、膨大な二三区都民のニーズをも含めて都立の役割に反映させていく必要があるし、その方がより説得性もあり、強いインパクトをもたらすのではないでしょうか。

県に一方的に依存するということだけではなく、県立と一緒になってつくっているという関係と、広域自治体である県ならではの独自な役割を地方自治行政の中でどう根付かせるかというところが実践課題として重要だと思います。県と市町村とが共通の目標を持ち、その中でそれぞれの独自な役割を果たしつつ、協働して一つの住民(それは市町村民であり、同時に県民でもあります)サービスをつくりあげる関係というのは、一般行政の中では珍しいのではないでしょうか。その点で、設置者、館種を超えて組織で対応する図書館サービスの特性を理論と実践、ユーザーの支持を根拠に主張し、広げていくことが、これからの図書館づくりを進めるうえでとりわけ大事なことだと思います。

5　図書館振興における共同保存の実態化と多摩デポ

多摩ではいま、ＴＡＭＡＬＡＳ（注４）を稼働させて、バーチャルな共同保存システムを具体化されようとしています。これを現実のシステムとするには、モノを処理する場と担い手の課題があるわけですね。

（注４）ＴＡＭＡＬＡＳ：「多摩地域公共図書館蔵書確認システム」の通称。多摩地域図書館の図書の所蔵状況を検索するシステム。ＩＳＢＮを持つ図書が、多摩地域の図書館全体で所蔵冊数が二冊以下となっているかの検索を効率的に行える。ＮＰＯ法人共同保存図書館・多摩と（株）カーリルとの共同研究の成果

公共サービスがどんどん劣化し、市場化に向かう傾向が強まる現在、「いかなる対価も徴収してはならない」という法的根拠を持つ公共サービスは、図書館しかありません。図書館事業は「図書館法」という大変高い理念を備えた法を持っているけれども、法の規制力を梃に何かをしようと思うと、この法は、ほんとにひ弱な法律なのです。高い理念の部分も、

なぜそうなのかを事業の中身で立証する主張と実践によって不断に裏付けをしていかないとなりません。でなければ、「市場化するのに邪魔な、そういった規定は除いてしまえ」という声が強くなったら抵抗しきれません。図書館サービスは、「○○円払うからこれだけのサービスを」という関係にはなっていない。「サービスを対価の代償にしてはいけない」ということを唯一法律として規制しているのが「図書館法　第十七条」です。

組織としての図書館サービスが、ひとりひとりの求めに「草の根を分けても」丁寧に応え、それが国民の暮らしを支える実態を豊かにしていくこと、その重要な要件の一つに、必ずどこかに必要なものがあるように確実に「保存」しておくという実態を確保することを組み込んでおくことの大事さを思います。

多摩デポでいま実現されているＴＡＭＡＬＡＳのシステムは、「検索してみて分かるラスト・ワン」というところが大事だと思います。レアな資料の最後の一冊がどこにあるかというだけでなく、特定図書について検索するということは、現にそれへのユーザーからの求めがあって始動するわけで、単なる希少本の所在確認ではない。希少化しているのにはいろいろな理由があるでしょう。かつてはよく読まれたが今は需要が減ってきたので除籍した、非常によく使われたため損傷した、資料価値で購入したが、保存スペースの関係でやむなく廃棄せざるを得なかった等。でも、今現に求めがあり、自館にはないが何とか手に入れたいという時にラスト・ワンが確認でき、それを共用できる保障としてこのシステムが機能するわけですね。公共図書館も幅広く本を持っているという実態を所蔵情報の共通化によって共有し、求めがあった資料が手元で揃わない時に検索することで入手の道が開かれるという関係は、蔵書の面からの「組織としての図書館づくり」であり、図書館が組織として機能する公共サービスであることを具体化する非常に大事な基盤だと思います。「文献宇宙＝リテラリーコスモス」という言葉がありますが、まさに広大な宇宙への路を拓くキーであるわけです。

人が知りたいことを探求し、手に入れ、活用することは国際人権宣言が承認する基本的な人権であり、それを基調に据えた図書館の自由宣言にも謳うように、公的に保障することは図書館事業の本質です。そういう権利の保障には、当然、設置団体であるそれぞれの自治体のほかに、広域自治体としての県、更には国もそれぞれの役割にそって果たすべき責務があると考えるべきでしょう。それらが大きく連繫した図書館サービスを構築していく切り口として、「検索することで分かるラストワン」のシステムがあることの重みを感じます。一過性の情報が氾濫する中で、人が主体的に自分の頭で考え、主権者として責任ある判断を下せるために必要な良質の情報が確実に蓄積され、保存されてそこへのアクセスが社会的に約束されることは、民主主義の確かな進展、豊かな市民生活の持続的、安定的な充実に欠かせません。そのために図書館があること、図書館が寄与し得ることを強調し、広範な共感を求めていくことがとりわけ重要であると思います。

最後にひとこと

今回「保存」をメインのテーマに図書館づくりを考えるという課題を与えていただき、とても苦労をしましたし、いささか苦しまぎれに原初体験ともいえるBanned Books（禁書）を持ち出すことで、本を残す図書館の社会的役割、使命をお話の頭に据えてみました。それは結果として、私の図書館観の起点を思いおこさせてくれたという点で有難いことでもあったな、と思っております。

その時代、社会に影響力の大きい人が嫌がるような本をも蔵書にし、多くの人たちが読めるようにする働きとして図書館を捉えると、その存在は、一般に考えられている以上に大きな意味を持つものと言えましょう。それを徹底させていけば、図書館はないよりはあった方が、といったレベルのものではなく、その時代にいい思いをしている層にとって極めて「危険な」存在ともなり得るでしょう。そうした存在をより一層社会に広げていくことが図書館の振興であり、図書館づくりです。当然厳しい闘い、緊張関係に置かれるはずの課題です。まだとてもそこまでいっているわけではありませんが、図書館づくりはそういう展開をも視野に置いておくべき課題だと思います。

そういう図書館の備える力を地域、設置者、館種の違いを超えて大きな組織的連環の中で捉え、大きく育んでいく課題として図書館連携があり、それが力を発揮する基点がひとつひとつの利用者のニーズです。「草の根を分けても」どこまでも一冊の本を探求する仕組みの整備には、およそ公刊されたものであれば、探せばどこかに必ずある、という状態を確保しておかなければなりません。そこには焼かれるような本をも含めて必ずラスト・ワンを残す「保存」の問題があるわけですね。

ネット検索、横断検索の普及により、閉架の資料がこれまでよりよく利用されるようになった、という報告を見た記憶があります。そうだろうな、と思いました。図書館蔵書は大きな開架を用意することで、利用者は求める資料の広がり、つながりを一望でき、新たな関心・興味を広げることができます。閉架の資料の致命的弱さがそこにあったのは確かです。その部分をも蔵書の広がりとして実感してもらう手段として検索法の新たな拡張があるのでしょう。検索することで気づく新たな興味・関心。せっかくそこで視野に入った本を必ずキャッチできる保存の保障。でもそこには物理的な限界が避けられない。それを組織的に、共通意思として打開していこうとするのが多摩の皆さんがチャレンジされている「共同保存」の仕組みづくりかと思います。図書館づくりの最後の不可欠な布石であろうと思います。

今回、私自身、「禁書」を生み出す社会的構造の線上に、図書館が内蔵する大きな力、可能性を再確認する機会を与えていただいたと感謝しております。

私が日本図書館協会とともに長く関わりを持ってきました日本図書館研究会の機関誌「図書館界」で五〇号ごとに継続してきた仕事に、八年分くらいの「文献レビュー」特集があります。その最新が二〇一八年五月に刊行の「二〇一〇年代を中心に」なのですが、そこには「資料保存」というテーマも入っています。主要文献等が紹介されているので、何か今日の参考になることがあるかなと目を通したのですが、残念ながら共同保存と多摩デポのことは三行くらいしか取り上げていませんでした。レビューと文献があって、合計一四九の文献が挙がっているんですが、そこに見る限り、まだまだ多摩デポは全国区にはなりきっていないのかなと思いました。もちろん執筆者の関心ということもありますが。組織としての図書館づくりの要に、単館の「置き場に困ったことへの対処」というだけではなしに、「図書館という共同の事業の仕上げとしての保存」という捉え方とそのための実践がもっと強く出てこないといけないいな、と思ったことを自戒を込めて申し上げ、終わりにさせていただきます。

【司会】

まだまだ、多摩デポがやるべきことはたくさんあるよという風に思いました。若干時間がありますから、質問があれば…。


【Q1】

レジュメの「多摩デポ一〇年の活動」というところを、もう少しお話しください。


【塩見】

こちらに出てくる前に幾冊かの本についてTAMALASで検索も試み、最後の一冊、二冊の所在を確認してきました。県域の横断検索はどこの県でも整ってきて、よく使うのですが、こういう検索の結果が瞬時に分かるのは有難いし、大事なことだと思います。多摩の各館ではこの結果をどのように日常に活かされているのかな、と思いました。さっきの滋賀の日常のこともありますので。

しいて言うと、「多摩で」ということへのこだわりがかなり強いのかな、と思いました。東京の独特の行政単位があるので難しいのかなとは思いますが、二三区とどういう結びつきを創っていくのでしょう。都があって二三区があり、多摩の市町村が東京の中で共同保存をどう構想していくのかという展開ですね。

松岡要さんも話されていたようですが、県だけに頼るという発想ではなかなか運動にならないんでしょうね。県(都)という自治体のありようは市町村とは明らかに違うわけですね。しかも、都道府県のありかたそのものが、図書館でよく使う「支援」という言葉にはネガティブな受け止めがあるのではないか。県の上層部の人の中には、「なんで県が市町村の支えみたいなことをやらんといかんのか。県は市町村ができないことをやるんだ」と。そこにはもっと「高度なこと」をというニュアンスが強いように思います。「市町村ができないこと」の意味合いが随分違いますよね。

先にふれた滋賀県の場合ですが、初期には「市町村の図書館が買えない本、買いたくない本で求めのあるものは県立が購入して貸しましょう」と公言していると聞きました。「それによって市町立の図書館は安心して住民の求めに向き合える」とある市立の館長さんが自信のほどを語ってくれました。そういう関係がどの県ででも当たり前のことになり得るのかどうか。もっと県ならではの独自の役割、事業をやるべきだ、という考え方が一般的に県の側には元々あるんですね。地方自治法が変わって、県の任務についてあまり細かく例示しなくなったということもあるわけです。県のありようというのが、広域自治体として市町村ではなじまない仕事をやる、バックアップをするというのがある程度観念として当たり前（常識）としてきた我々図書館の世界とは違うありようを県自体が志向する、あるいは国が奨励するということになっている。

みなさんは、県（東京都）がバーチャルでなくリアルの共同保存の仕組（あるいはスペース）を提供してくれないかなと期待を持ってらっしゃると思うんですが、そこに二三区がどうして全然出てこないのかなと思います。確かに、一九八七年に都立多摩図書館が再編整備され、市町村の図書館に対する支援・補完の活動を主要な任務とするサービスを担ってくれたという貴重な体験があったのに、いきなり都の方針が変わって協力貸出を支えていた本を大量に除籍することになり、皆さんがご苦労なさってという経緯が事実としてあったと思います。また、図書館事業において多摩という単位がしっかりあり、いろいろと連携した活動を蓄積されてきたとは思いますが、改めて都に一定の役割を果たしてもらおうとするなら、二三区がそれにどう関連していくかを視野に置くことが大事ではないでしょうか。都を含めた共同事業として保存の問題を考える。それを東京都の図書館の仕組に展開していこうとするなら、多摩の市町村立だけではなしに、二三区も取り込む視点が必要ではないかと思いました。

先にふれた滋賀の保存センターも、時が経ち客観状況が変化すると、当初の共通認識とエネルギーを持続していくのはなかなか大変なようです。図書館づくり運動において、かつて多摩が先陣を切り全国を刺激したように、共同保存で多摩デポの活動が、先行する滋賀の保存センター、更にはその後に始動している埼玉、愛知、岡山などの共同保存を志向する試みを刺激し、支えるという関係を果たしてくださるといいなと思います。

【Q2】

先ほど、図書館の相互協力というのが実体化してきたというお話がありましたが、指定管理が進んでいく中で、指定管理である図書館とそうでない図書館との相互協力では、何か問題が出てくるでしょうか?

【塩見】

指定管理で経営されている図書館と、そうでない図書館との相互協力においては、意欲的であるかどうかの差は大きいと思います。指定管理に委ねた図書館というのは、こういう問題についてどこまで連携の相手・パートナーたり得るのかという質問だと思いますが、それは非常に難しいことかと思います。受託事業というのは本来、何を引き受けるのかという範囲が明確に定められていることが前提であり、ユーザーの求めに応じて活動を柔軟に広げ、他の機関とも新たな関係を築いていくということ、つまり事業の拡張を自主的に進めることには基本的になじまない方式だと思います。

指定管理という方式が地方自治法で許容されるのは、それによって「図書館という公の施設がその設置目的をよりよく達成できる場合に委託が可能」だということですね。額面どおりにいえば、当然図書館法の精神、さらに言えば教育基本法、社会教育法の理念を基調に運営されねばならないし、図書館の自由が尊重される。そこで働く職員は、図書館員の倫理綱領の範となる職員が配置されなければならないということですが、果たして現在各地で導入されている指定管理がそのようなものであるか、託す契約関係の中でそういうことをきちんと求めているかというと、残念ながらとてもそんなレベルにはない。「図書館法に準拠してやっていきます」というくらいは書いているでしょうが、その働きの内容を理念としてきちんと示し、目標に掲げて契約を結んでいるというところはまずないでしょう。そういう条件を示せる自治体なら指定管理なんてことをもともと考えないと言えましょう。

ところで、最近、図書館サービスを考える上で、私は「求めに応える資料の提供」ということへのこだわりが希薄になっているように懸念しています。何のために自治体が公費で図書館を設置し、住民サービスをやるのか、やらなきゃいけないのかのこだわりが不鮮明になり、目指す図書館像にばらつきがある中で、指定管理に託したところの評価というのは、ツタヤ図書館に典型的にみられるように、「こんなにたくさん人が集まった」ということを強調します。別に図書館を使うわけではなく、建物にお客さんが来たということで、一見、町が賑やかになり、活性化したと言います。町が活性化するのは結構なことでしょうが、それは図書館が本来やることかというとちょっと違うと思います。優れた図書館サービスが累積されて、まちが活性化するということはあり得るし、好ましい成果といってよいと思います。しかし、それを一義的に図書館の設置目的に置き、来館者数を強調するのは主客転倒でしょう。依って立つ視点が違う中で、例えば共同保存体制をどう共通の課題としてつくっていくかという話が噛み合うかというのは大いに疑問があります。今なお、じわじわと指定管理が増えていくという状況は図書館の危機だと思います。図書館のあるべき姿、図書館が何を目指しているかということを、足元が劣化していっている状況の中でほんとうに再構築していくには、あるべき図書館像をしっかりアピールしていかねばならないし、そこで住民の方々に共感が拡がっていかないと、新しい図書館づくりというのは難しい。こういった段階で指定管理が進んでいくというのは問題だと思います。目指すところの「共同」を強調することで、なんとかそういう状況を打開する方向を探っていきたいですね。

【参考資料】

「公共サービス基本法」　平成二十一年法律第四十号

第一章　総則

（目的）

第一条　この法律は、公共サービスが国民生活の基盤となるものであることにかんがみ、公共サービスに関し、基本理念を定め、及び国等の責務を明らかにするとともに、公共サービスに関する施策の基本となる事項を定めることにより、公共サービスに関する施策を推進し、もって国民が安心して暮らすことのできる社会の実現に寄与することを目的とする。

（定義）

第二条　この法律において「公共サービス」とは、次に掲げる行為であって、国民が日常生活及び社会生活を円滑に営むために必要な基本的な需要を満たすものをいう。

一　国（独立行政法人（独立行政法人通則法（平成十一年法律第百三号）第二条第一項に規定する独立行政法人をいう。）を含む。第十一条を除き、以下同じ。）又は地方公共団体（地方独立行政法人（地方独立行政法人法（平成十五年法律第百十八号）第二条第一項に規定する地方独立行政法人をいう。）を含む。第十一条を除き、以下同じ。）の事務又は事業であって、特定の者に対して行われる金銭その他の物の給付又は役務の提供

二　前号に掲げるもののほか、国又は地方公共団体が行う規制、監督、助成、広報、公共施設の整備その他の公共の利益の増進に資する行為

（基本理念）

第三条　公共サービスの実施並びに公共サービスに関する施策の策定及び実施（以下「公共サービスの実施等」という。）は、次に掲げる事項が公共サービスに関する国民の権利であることが尊重され、国民が健全な生活環境の中で日常生活及び社会生活を円滑に営むことができるようにすることを基本として、行われなければならない。
一　安全かつ良質な公共サービスが、確実、効率的かつ適正に実施されること。
二　社会経済情勢の変化に伴い多様化する国民の需要に的確に対応するものであること。
三　公共サービスについて国民の自主的かつ合理的な選択の機会が確保されること。
四　公共サービスに関する必要な情報及び学習の機会が国民に提供されるとともに、国民の意見が公共サービスの実施等に反映されること。
五　公共サービスの実施により苦情又は紛争が生じた場合には、適切かつ迅速に処理され、又は解決されること。
（国の責務）
第四条　国は、前条の基本理念（以下「基本理念」という。）にのっとり、国民生活の安定と向上のために国が本来果たすべき役割を踏まえ、公共サービスに関する施策を策定し、及び実施するとともに、国に係る公共サービスを実施する責務を有する。
（地方公共団体の責務）
第五条　地方公共団体は、基本理念にのっとり、公共サービスの実施等に関し、国との適切な役割分担を踏まえつつ、その地方公共団体の実情に応じた施策を策定し、及び実施するとともに、地方公共団体に係る公共サービスを実施する責務を有する。
（公共サービスの実施に従事する者の責務）
第六条　公共サービスの実施に従事する者は、国民の立場に立ち、責任を自覚し、誇りを持って誠実に職務を遂行する責務を有する。

（必要な措置）
第七条　政府は、この法律の目的を達成するため、必要な措置を講ずるよう努めるものとする。

第二章　基本的施策

（公共サービスを委託した場合の役割分担と責任の明確化）
第八条　国及び地方公共団体は、公共サービスの実施に関する業務を委託した場合には、当該公共サービスの実施に関し、当該委託を受けた者との間で、それぞれの役割の分担及び責任の所在を明確化するものとする。

（国民の意見の反映等）
第九条　国及び地方公共団体は、公共サービスに関する施策の策定の過程の透明性を確保し、及び公共サービスの実施等に国民の意見を反映するため、公共サービスに関する情報を適時かつ適切な方法で公表するとともに、公共サービスに関し広く国民の意見を求めるために必要な措置を講ずるものとする。

2　国及び地方公共団体は、前項の国民の意見を踏まえ、公共サービスの実施等について不断の見直しを行うものとする。

（公共サービスの実施に関する配慮）
第十条　国及び地方公共団体は、公共サービスの実施が公共サービスによる利益を享受する国民の立場に立ったものとなるよう、配慮するものとする。

（公共サービスの実施に従事する者の労働環境の整備）
第十一条　国及び地方公共団体は、安全かつ良質な公共サービスが適正かつ確実に実施されるようにするため、公共サービスの実施に従事する者の適正な労働条件の確保その他の労働環境の整備に関し必要な施策を講ずるよう努めるものとする。

附　則

この法律は、公布の日から起算して六月を超えない範囲内において政令で定める日から施行する。

「公立図書館の任務と目標」

日本図書館協会図書館政策特別委員会

一九八九年一月確定公表　二〇〇四年三月改訂

第三章　都道府県立図書館

1 役割と機能

53 都道府県立図書館（以下「県立図書館」という）は、市町村立図書館と同様に住民に直接サービスするとともに、市町村立図書館の求めに応じてそのサービスを支援する。大多数の住民にとって、身近にあって利用しやすいのは市町村立図書館である。したがって県立図書館は市町村立図書館への援助を第一義的な機能と受け止めるべきである。

…略…

54 県立図書館が有する資料と機能は多くの場合、市町村立図書館を通じて住民に提供される。

2 市町村立図書館への援助

59 県立図書館は、市町村立図書館の求めに応じて、資料を貸し出す。この場合、原則として要求された資料は、すべて貸し出すべきである。
貸出期間は、市町村立図書館の貸出に支障がないように定める。貸出す冊数は無制限とすることが望ましい。

68 県立図書館は資料保存の責任を果たすため、市町村立図書館の求めに応じて、それらの館の蔵書の一部を譲り受けて、保存し、提供する。

3 図書館資料

72 県立図書館は、住民のあらゆる資料要求に応える責任と、市町村立図書館の活動を支える資料センターとしての役割を果たすため…略…多様な資料を豊富に収集し、保存する。

「図書館の設置及び運営上の望ましい基準」

文部科学省告示第172号

一　第一　総則

二　設置の基本

2　都道府県は…略…当該都道府県内の図書館サービスの全体的な進展を図る観点に立って、市町村に対して市町村立図書館の設置及び運営に関する必要な指導・助言等を行うものとする。

三　運営の基本

3　都道府県立図書館は…略…住民の需要を広域的かつ総合的に把握して、資料及び情報を体系的に収集、整理、保存及び提供すること等を通じて、市町村立図書館に対する円滑な図書館運営の確保のための援助に努めるとともに、当該都道府県内の図書館間の連絡調整等の推進に努めるものとする。

第二　公立図書館

二　都道府県立図書館

1　域内の図書館への支援

1　都道府県立図書館は、次に掲げる事項について、当該都道府県内の図書館の求めに応じて、それらの図書館への支援に努めるものとする。

ウ　図書館資料の保存に関すること

2　施設・設備

都道府県立図書館は…略…次に掲げる機能に必要な施設・設備の確保に努めるものとする。

ウ　市町村立図書館の求めに応じた資料保存等

多摩デポブックレットのご案内

定価（税別）　No.1～4, 6～13　各600円
No.5　700円／No.14　800円

No.1	公共図書館と協力保存 －利用を継続して保証するために－	安江明夫著 2009.5刊
No.2	地域資料の収集と保存 －たましん地域文化財団歴史資料室の場合－	保坂一房著 2009.9刊
No.3	「地図・場所・記憶」 －地域資料としての地図をめぐって－	芳賀　啓著 2010.5刊
No.4	現在《いま》を生きる地域資料 －利用する側・提供する側－	平山惠三 蛭田廣一著 2010.11刊
No.5	図書館のこと、保存のこと	竹内　悊 梅澤幸平著 2011.5刊
No.6	図書館の電子化と無料原則	津野海太郎著 2011.10刊
No.7	多摩を歩いて三七年半 ～街、人、暮らし、そして図書館～	山田優子著 2012.5刊
No.8	被災資料救助から考える資料保存 －東日本大震災後の釜石市での文書レスキューを中心に－	青木　睦著 2013.11刊
No.9	電子書籍の特性と図書館	堀越洋一郎著 2013.11刊
No.10	図書館連携の基盤整備に向けて ―図書館を支える制度の不備と「図書館連合」の提案―	松岡　要著 2015.1刊
No.11	書物の時間―書店店長の想いと行動―	福嶋　聡著 2017.8刊
No.12	図書館の「捨てると残す」への期待と不安 ―出版産業の危機の中で／書き手として、利用者として―	永江　朗著 2018.10刊
No.13	図書館計画で書庫はどう考えたらいいのか？ ―いくつかの街の図書館づくりに参画して学んだこと―	寺田芳朗著 2019.3刊